BEI GRIN MACHT SICH IHR
WISSEN BEZAHLT

AF130586

- Wir veröffentlichen Ihre Hausarbeit,
  Bachelor- und Masterarbeit

- Ihr eigenes eBook und Buch -
  weltweit in allen wichtigen Shops

- Verdienen Sie an jedem Verkauf

Jetzt bei www.GRIN.com hochladen
und kostenlos publizieren

Die Rolle der Medien in der Darstellung von deutschen Politikern seit 1900

Malte Dassau

Bibliografische Information der Deutschen Nationalbibliothek:

Die Deutsche Nationalbibliothek verzeichnet diese Publikation in der Deutschen Nationalbibliografie; detaillierte bibliografische Daten sind im Internet über http://dnb.d-nb.de abrufbar.

ISBN: 9783346580368
Dieses Buch ist auch als E-Book erhältlich.

Druck und Bindung: Books on Demand GmbH, Norderstedt Germany
Gedruckt auf säurefreiem Papier aus verantwortungsvollen Quellen

Das vorliegende Werk wurde sorgfältig erarbeitet. Dennoch übernehmen Autoren und Verlag für die Richtigkeit von Angaben, Hinweisen, Links und Ratschlägen sowie eventuelle Druckfehler keine Haftung.

Das Buch bei GRIN: https://www.grin.com/document/1152736

Inhalt

Aus urheberrechtlichen Gründen wurden alle Abbildungen in dieser Arbeit entfernt

Einleitung

Politik und mediale Darstellung sind heutzutage nicht mehr voneinander zu trennen. Tagtäglich inszenieren sich die Politiker für ihre politischen Wähler in den Medien. „[…] Auf der *Vorderbühne*", schreiben A. Dörner und L. Vogt, „ist [Politik] zur Dauerwerbesendung geworden."[1] Ohne politische Inszenierung können Politiker heute keine Wahl mehr gewinnen. Diese Tatsache des späten 20. Jahrhunderts ist Resultat eines langen Prozesses, der sich an verschiedenen Politikerdarstellungen im 20. Jahrhundert in Deutschland abzeichnete. Die Macht der Medien scheint stetig zugenommen zu haben und am Ende dieses Prozesses maßgeblicher Faktor für den Machtgewinn bzw. –erhalt geworden zu sein. Gleichzeitig zeigt sich ein stetiger Prozess in dem sich die politischen Inhalte immer mehr von der Person ablösen und in den Hintergrund zu treten scheinen.

Wie nutzten diese Politiker aus differenten Staatsystemen die Medien für ihre Darstellung? Welche Strategien verfolgten sie mit ihrer politischen Visualisierung, um politische Macht zu erhalten oder zu sichern? Dies sind Fragen, die im Kontext der technologischen Entwicklung der Medien in dieser Arbeit beantwortet werden sollen.

Somit analysieren die einzelnen Kapitel der Arbeit die mediale Darstellung des jeweiligen Politikers und sind auch als unabhängige Kapitel zu verstehen, die zwar vor- und zurückgreifen, aber ein in sich geschlossenes Thema bearbeiten. Erst durch die Verbindung aller Kapitel werden Kontinuitäten bzw. Diskontinuitäten in den Politikerdarstellungen deutlich. Die Verknüpfung ermöglicht einzelne Faktoren zu erkennen, die erstmals bei einer Politikerdarstellung auftreten und kontinuierlich bei nachkommenden Politikern weiterentwickelt und genutzt werden. Beispielhaft sollen die Politikerdarstellungen Wilhelm II., Hindenburgs, Hitlers, Adenauers, Schröders und schließlich Merkels Antwort auf die Fragen geben.

Daneben wird schließlich noch der Frage nachgegangen, welche Rolle der Entwicklung der Medien in diesem Prozess beikommt.

---

[1] Dörner & Vogt, S. 659 (II).

Wilhelm II. und Gerhard Schröder - Medienkaiser und Medienkanzler

So ungefähr soll einmal ein Gespräch zwischen Wilhelm II. und seinem Arzt verlaufen sein:

„Keine Sorge! Eure Hoheit haben lediglich einen kleinen Schnupfen", beruhigte der kaiserliche Hofarzt, woraufhin Wilhelm II. entrüstet antwortete: „Einen großen Schnupfen! Bei *mir* ist alles groß!"

Wahrscheinlich hat es dieses Gespräch nie gegeben und trotzdem steckt viel Wahres über die mediale Inszenierung des Kaisers in dieser Aussage.

Er war das erste deutsche Oberhaupt, das es verstand sich als solches massenmedial zu präsentieren. Dabei standen der technische Fortschritt, die preußische Tradition sowie seine eigene Persönlichkeit im Vordergrund. Wilhelm II. war Medienkaiser und die erste Mediengröße des 20. Jahrhunderts. Gerhard Schröder hingegen wurde erst annähernd ein Jahrhundert später als Medienkanzler bekannt und auch er nutzte die Medien zur eigenen Selbstdarstellung, auch er verstand es sich dem Volk massenmedial zu präsentieren. Dieses Kapitel soll die Gemeinsamkeiten und Unterschiede in der Darstellung in den Medien und der Nutzung dieser zwischen beiden Persönlichkeiten aufzeigen.

Zwei gravierende Unterschiede, die sowohl die politische Inszenierung als auch die Nutzung der Medien beeinflussen, seien einleitend genannt: Der mediale Technologiestand und die politischen Systeme beider Akteure.

Während Wilhelm II, als Kaiser einer konstitutionellen Monarchie sich wenig um die Gunst der Wähler bemühen musste, war es Gerhard Schröders zentrale Aufgabe, als Politiker eines demokratischen Systems insbesondere in Wahlkampfzeiten, um die Gunst der potentiellen Wähler zu buhlen. Gerade die in Kapitel 5.2 angesprochene Mediengesellschaft verstärkt diesen Aspekt. Politik in der Gegenwart ist zur Dauerwerbesendung geworden und Politiker müssen sich wie Markenartikel bewerben.[2] Trotzdem war auch Wilhelm II. nicht gänzlich unabhängig von den Bürgern. So beschloss der Reichstag beispielsweise den Haushalt und hatte damit einen ernstzunehmenden Einfluss. Auch die integrative Funktion des Kaisers ist nicht zu unterschätzen. Durch seine mediale Visualisierung lenkt er von gesellschaftlichen oder politischen Problemen ab und erzeugt eine Wohlfühlatmosphäre bei seinen Untertanen. Fest steht jedoch, dass Gerhard Schröder definitiv abhängiger vom Volk war als Wilhelm II.

---

[2] Vgl. Dörner & L. Vogt, S. 659 (II).

seinerzeit. Beide haben demnach in weiten Teilen eine unterschiedliche Motivation für ihre mediale Inszenierung.

Im 20. Jahrhundert erlebten die Medien einen rasanten technologischen Fortschritt. Die zentralen Medien Anfang des 20. Jahrhunderts sind nicht mehr mit denen am Ende zu vergleichen: Statische Bilder wurden beweglich, schwarz-weiße Bilder wurden mit Farbe gefüllt und analoge Signale wurden digital. Diese Liste ließe sich endlos weiterführen, doch es wird klar, dass sich durch den technischen Fortschritt auch die mediale Darstellung verändert hat. Hat Wilhelm II. sich dem Volk zwar schon im Film präsentiert, so hatte dieser jedoch einen vergleichsweise geringen Anteil an seiner medialen Darstellung. Das Foto und das Gemälde waren die entscheidenden medialen Träger. Das bewegte Bild ist mittlerweile das entscheidende Medium bei der Politikerdarstellung. Die Darstellung im Fernsehen ist grundlegender Teil des „Politainments", das unter Schröder erstmals massiv auffällt (Vgl. Kap. 5.2). Trotz dieser beiden eben genannten Unterschiede, gibt es interessante Gemeinsamkeiten in der medialen Darstellung und ihrer negativen Konsequenzen.

Wilhelm II. und Schröder haben beide ihr Privatleben für die Medien inszeniert und sich möglichst modern, modisch und vital dargestellt. Der letzte deutsche Kaiser „[...]lieferte eine ununterbrochene Show", schreibt M. Kohlrausch.[3] Jeden Anlass suchte sich Wilhelm II. zur medialen Inszenierung und falls sich keiner bot, schuf er die entsprechenden. Denkmäler wurden eingeweiht, Einzüge in große und kleine Orte des Reiches wurden zelebriert und als „Kaisertage" bekannt, kaiserliche Familienidylle wurde arrangiert und schließlich präsentierte sich der „Reisekaiser" auf den modernsten Fortbewegungsmitteln der Zeit. Alle diese Ereignisse wurden zu europaweiten Medienereignissen und in Bild und Ton verbreitet. Später sogar als bewegtes Bild.[4]

Auch Gerhard Schröders mediale Inszenierung glich oftmals einer politischen Show. In der Jugendsoap *GZSZ*, bei *Wetten, dass...* oder in Dieter Wehlers Mehrteiler *Der große Bellheim*, selbst auf seinen Parteitagen präsentierte er sich als Showstar (Vgl. 5.2). Schröders Aussage, es brauche „Bild, BamS und Glotze", um an die Macht zu kommen wurde während seiner politischen Karriere konsequent in die Tat umgesetzt. Auch sein Privatleben inszenierte Schröder zwar nicht kaiserlicher, es stand aber auch hier die Familienidylle im Zentrum der Arrangements.[5]

Was bei Gerhard Schröder natürlich komplett entfällt ist die kaiserliche Symbolik und die militärisch-politischen Bildprogramme Wilhelms II.

---

[3] Kohlrausch, S. 71 (I).
[4] Vgl. zu diesem Abs. ebd.
[5] Vgl. zu diesem Abs. Dörner & Vogt, S. 656f. (II).

Beide hatten jedoch eine sehr personenbezogene Darstellungsform in den Medien. Das Amt stand bei Wilhelm II. an zweiter Stelle, hinter der Darstellung seiner Person und auch bei Schröder rückte das Amt durch seine mediale Inszenierung oftmals in den Schatten der persönlichen Darstellung.[6]

Trotz einiger Unterschiede in der medialen Darstellung waren beide politische Medienstars ihrer Zeit. Beide wollten durch ihre mediale Inszenierung eine Wohlfühlatmosphäre schaffen, um von politischen Konflikten abzulenken.[7] Trotz der konstitutionellen Monarchie musste auch Wilhelm II. das Volk integrieren und sich um die Zustimmung des Volkes bemühen. Auch für ihn und seine innen- aber insbesondere außenpolitischen Handlungen war eine eher positive Grundstimmung im Volk unerlässlich. Bei beiden hatte die politische Inszenierung die Auflösung der Grenzen zwischen Ernst und Unterhaltung zur Folge. Ein Auftritt bei *GZSZ* hat ebenso wenig politischen Inhalt wie die Inszenierung diverser Urlaubstage auf Kaiserreisen. Was bei Gerhard Schröder auf die Spitze getrieben wurde, war ein Jahrhundert vorher in Ansätzen schon zu erkennen: Das „Politainment".

Interessant ist jedoch nicht nur der Höhepunkt beider Amtszeiten, sondern auch das Ende. Wilhelm II. sowie Schröder sind beide Opfer ihrer Unterhaltungsstrategie geworden. Grund dafür war die zunehmende Diskrepanz zwischen der inszenierten Welt und der realen Welt. Waren es bei Schröder beispielsweise die zunehmende Arbeitslosigkeit und zahlreiche Rücktritte von Regierungsmitgliedern, die seine Inszenierung immer unglaubwürdiger erscheinen ließen, ist es bei Wilhelm II. die Niederlage im ersten Weltkrieg gewesen, die sein Image annullierte. Ein großer Unterschied liegt darin, dass Wilhelm II. im Gegensatz zu Schröder durch seine herrschaftlichen Porträts und deren enorme mediale Verbreitung zur Ikone aufgestiegen ist. Diese galt es durch Gegenbilder zu entzaubern. So wurde ein Foto Wilhelm II. als alter und gewöhnlich gekleideter Mann im Exil auf das Titelblatt der *TIME* gesetzt. Wie heutige Paparazzi versuchten die Fotografen den entmachteten Kaiser und nun gewöhnlichen alten Mann zu fotografieren und die Fotos zu verbreiten.[8]

Da Schröder niemals eine politische Ikone war, galt es auch nicht diese zu entblößen. Vielmehr wurde sein Stil des „Politainments" karikiert und kritisiert. Mit der im Frühjahr 1999 gestarteten Radiosendung *Gerd Show*, wurde der Stimmenimitator Elmar Brandt bekannt und erzielte große Erfolge mit seinen Kanzlerparodien. Im Hebst 1999 sendete RTL erstmals die neue Comedy-Serie *Wie war ich, Doris?* Daneben gab es noch zahlreiche weitere Persiflagen

---

[6] Vgl. zu diesem Abs. Kohlrausch, S. 71 (I) und Paul, S. 749 (II).
[7] Vgl. Kohlrausch, S. 74f. (I) und Dörner & Vogt, S. 759 (II).
[8] Vgl. Ebd., S. 74f. und ebd., S. 660.

im Fernsehen und in Form von Karikaturen auch in den Printmedien. Trotz harscher Kritik seitens der Regierung und sogar einer Klagedrohung Schröders wird eines deutlich: Für einen Großteil der Bevölkerung wirkte die Showfassade nicht mehr glaubwürdig.[9] Schließlich waren es bei beiden, die Medien, die einerseits Macht und Ruhm erbrachten aber andererseits auch starken Anteil am politischen Ende hatten.

Die Kraft des „Rettermythos"

Der „Rettermythos" in der Weimarer Republik

Die Vorstellung vom „Rettermythos" vereint Hindenburg als historische Figur und die Schlacht von Tannenberg als historisches Ereignis. Im Sommer 1914 kam es zu einem Gefecht zwischen der russischen und der deutschen Armee südlich von Allenstein in Ostpreußen. Es endete mit einem Sieg der 8. Armee gegen die nach Ostpreußen eingedrungenen russischen Truppen. Dieses Ereignis bildet den Beginn des „Rettermythos" um Hindenburg. Der Mythos verbreitete sich rasend schnell in der Bevölkerung und nach kürzester Zeit war die Befreiung Ostpreußens von den russischen Truppen das alleinige Verdienst Hindenburgs. Doch noch mehr als der Sieg trug die „späte Revanche" für die 1914 verlorene Schlacht bei Tannenberg gegen das Heer Polens und des Großfürsten von Litauen zur Entstehung des Mythos bei. Ganz bewusst wurde die gewonnene „Schlacht bei Allenstein" deshalb auf Wunsch Hindenburgs in die „Schlacht bei Tannenberg" unbenannt. Paul von Hindenburg wurde zum Verteidiger „ehemaligen deutschen Bodens". Er wurde zum „Retter" der deutschen Nation.[10] Interessant ist dabei, dass dieser Mythos trotz der entscheidenden Niederlagen der letzten zwei Jahre des ersten Weltkriegs, für die Hindenburg maßgeblich verantwortlich war, und trotz seines eigentlich sehr geringen Beitrags zum Sieg in der Schlacht bei Tannenberg in den Köpfen der deutschen Bevölkerung bis zur Zeit des Nationalsozialismus verankert hat.[11] Die Menschen sahen in Hindenburg nicht das, was er war, sondern das, was er sein sollte: Ein Kaiserersatz und eine nationale Identitätsfigur.[12] Sie wünschten sich Einheit in der durch Konflikte fragmentierten Gesellschaft. Außerdem suchte die Bevölkerung in einem neuartigen anonymen und weitgehend technisierten Krieg nach einem nationalen Kriegshelden, der die Hoffnung des Sieges verkörperte. Nur so kann der sich entwickelnde Hindenburg-Kult erklärt werden.

---

[9] Vgl. Dörner & Vogt, S. 660 (II).
[10] Vgl. von Hoegen, S. 414 f. (I).
[11] Vgl. Görtemaker, S. 34 f.
[12] Vgl. Ebd.

Nicht zuletzt hat Hindenburg auch einen entscheidenden An-teil an der Verbreitung und Genese des Mythos um seine Person. Die Tagebuchaufzeichnungen Hugo Vogels, seines persönlichen „Hof- und Leibmalers", stellen Paul von Hin-denburg als Meister der medialen Selbstinszenierung dar. Durch das Medium der Malerei verstand Hindenburg es, den „Rettermythos" zu visualisieren und in der Bevölkerung zu etablieren. So kann man zwar davon sprechen, dass der My-thos aus „einem Gefühl der Dankbarkeit"[13] und der Hoffnung im Volk entstand, jedoch durch Hindenburg ebenso bewusst über die Medien verbreitet wurde. Ermöglicht wurde dies über die fortschreitende Entwicklung des fotomechanischen Druckverfahrens. In Form von Postkarten und Faksimiledru-cken verbreiteten sich die Hindenburg-Bilder massenhaft im Volk und verankerten sich so in den Köpfen.

Der Mythos überstand die Kriegsniederlage und entfaltete er zur ersten unmittelbaren Wahl des Reichspräsidenten 1925 erneut seine Wirkung, diesmal jedoch bewusst durch eine Wahl-kampfstrategie gesteuert.

Während die anderen Kandidaten, Ernst Thälmann und Wilhelm Marx, bei der Reichspräsiden-tenwahl mit narrativen Wahlplakaten warben, setzten die Wahlkampfhelfer Hindenburgs auf einen rein personalisierten Wahlkampf mit wenig politischer Aussage und Detailtiefe. Sie setzten damit schon auf Wahlkampftechniken, die Adolf Hitler aufgreifen sollten und 25 Jahre später in der BRD kontinuierlich weitergenutzt und perfektioniert wurden bzw. werden. (Vgl. Kap. 4 und Kap. 5).

Auf dem Plakat zur Reichpräsidentenwahl ist das Porträt Hindenburgs schlicht mit „Der Retter" unterschrieben. Es bedurfte keines Namens und auch keines weiteren Kommen-tars, da jeder wusste wer gemeint war. Durch den „Rettermythos" der Kriegsjahre war Hin-denburg als Symbol deutscher Kraft und Entschlossenheit in vielen Haushalten vorhanden. Die Vermarktung Hindenburgs führte zur festen Verankerung des Mythos. Auf Schokoladen-tafeln, Marzipanverpackungen und anderen Lebensmitteln sowie Spielzeug, Lampen, Bildern

---

[13] von Hoegen, S. 415 (I).

und Haushaltswaren fand sich Hindenburgs markanter Kopf wieder. Jesko von Hoegen spricht von einem „regelrechten ‚Hindenburg-Boom‘“[14].

Demnach war es ein leichtes, die Kraft des Mythos um Hindenburg im Wahlkampf erneut zu entfalten.[15] Die Hindenburg unterstützende Presse, und dies war insbesondere die Hugenberg-presse, versuchte den „Rettermythos" in einen neuen Kontext zu stellen.

Diesmal ging es nicht um die militärische Rettung der deutschen Nation vor dem „Feind", sondern um die politische Rettung der deutschen Nation in Zeiten der inneren Krise. Die Hu-genbergpresse propagierte eine fehlende Einheit der Nation nach der Revolution von 1918. Hindenburg sollte, ganz im Sinne des Mythos, erneut zum Retter der Nation werden. Er sollte der Weimarer Republik eine neue „nationale Identität" geben und die „verlorene Ehre" durch den Versailler Vertrag retten.[16] Gewiss war der deutliche Wahlsieg 1925 nur durch die Mas-senmedien möglich geworden, ohne deren Hilfe das erneute Aufleben des Mythos in einem neuen Kontext schwerlich möglich gewesen wäre. Eine flächendeckende Plakatierung der Straßen und die Hindenburg unterstützende Presse waren unabdingbar für diesen Erfolg. Hin-zukommend kann die Vermarktung und Visualisierung Hindenburgs als wirksame aber „ge-schenkte" Werbung betrachtet werden.

Obwohl Hindenburg sich zu keinem Stabilitätsfaktor der Weimarer Republik und auch keine republikanische Prä-gung entwickelte, sollte die Visualisierung des „Rettermy-thos" noch nicht zu Ende sein. 1932, zur nächsten Reichs-tagswahl, sahen die demokratischen Parteien der Weima-rer Republik sich gezwungen gemeinsam gegen Adolf Hitler Wahlkampfpolitik zu führen. Man erhoffte sich, durch die erneute Visualisierung des „Rettermythos" in Form von Hindenburg die Wahl Adolf Hitlers und die da-mit befürchtete Auflösung der Weimarer Republik zu ver-hindern. Erneut zeigte sich diese Wahlkampfstrategie er-folgreich und Hindenburg wurde mit 84 Jahren erneut zum Reichspräsidenten gewählt.[17]

Die erhoffte Rettung blieb jedoch aus und am 30.1.1933 übertrug Hindenburg schließlich das Amt des Reichskanzlers auf Hitler. Doch auch mit dem endgültigen Zusammenbruch der Weimarer Republik soll-te der Mythos vom „Retter" nicht in Vergessenheit geraten.

---

[14] v. Hoegen, S. 416 (I)
[15] Vgl. Görtemaker, S. 35
[16] Vgl. v. Hoegen, S. 416 (I)
[17] Vgl. ebd., S. 418 (I)

Der „Marschall" und der „Gefreite"

Das NSDAP-Plakat zeigt Hindenburg und Adolf Hitler mit der Über-schrift „Der Marschall und der Gefreite" und dem Untertitel „Kämpfen mit uns für Frieden und Gleichberechtigung". Es entstand im Wahlkampf der Reichstagswahlen am 5. März 1933 und verdeutlicht, inwiefern Hitler bzw. die Nationalsozialisten die Kraft des Mythos um Hindenburg nutzten und nach der Deutungshoheit über diesen strebten. Der Glaube der Anhänger der Weimarer Republik, „[...] dass der alte Held von Tannenberg nichts von seiner Tatkraft eingebüßt habe und Hitler irgendwie in Schranken halten werde"[18], sollte sich nicht bestätigen. Durch die Tatsache, dass Hindenburg das Amt des Reichspräsidenten an Hitler übertrug, konnte dieser die Kraft des Mythos für seine Bewegung instrumentalisieren. Das Plakat visualisiert den neuen Kontext des „Rettermythos": Zum einen suggerieren die Titel „Marschall" und „Gefreiter" die militaristische Ausrichtung der NSDAP und zum anderen schafft es der Propagandaminister Joseph Goebbels, den „alten" Vater der preußisch-deutschen Nationalidentität mit dem einfachen Soldaten des neuen Deutschlands zu verknüpfen. Jesko von Hoe-gen spricht in diesem Zusammenhang von der Synthese der Antithese. Die beiden vorher nicht kohärierenden Persönlichkeiten werden zu einem effektvollen Zusammenhang ver-schmolzen, ganz im Sinne der nationalsozialistischen Vorstellung. Das Plakat visualisiert, was die NSDAP propagierte: Um den inneren Frieden wiederherzustellen hätte der „Marschall" Hitler auserwählt.[19] Immer wieder betonte Hitler, dass die „ [...]neue Regierung ihre Beru-fung dem Vertrauen des Reichspräsidenten verdanke."[20]

Hitler erhalte den Auftrag von Hindenburg, so die Propaganda, die innere Einheit wiederherzustellen. Auf Grund dieser Missionsstrategie erhielt Hitler die Deutungshoheit über den Hindenburgmythos und die NSDAP erweiterte ihre Wählerschaft.

Selbst der Tod Hindenburgs bedeutete nicht das Ende des Mythos. Dieser hatte während des dritten Reiches fortwährend eine integrative Funktion.

---

[18] Dorpalen zit. n. v. Hoegen, *kunsttexte.de*, S. 4.
[19] Vgl. ebd., S.5.
[20] v. Hoegen, *kunsttexte.de*, S. 5.

„Der Führer" als erstes politisches Markenprodukt

„Wenn das der Führer wüsste!"

Dieser zur Zeit des Nationalsozialismus verbreitete Spruch zeigt beispielshaft, wie der Führermythos im Volk wirkte. Gleich einem Halbgott schien „der Führer" außerhalb des Systems zu stehen, unberührt von den negativen Erfahrungen mit der NSDAP. Im vorangegangen Kapitel wurde auf die Symbiose zwischen Hitler und Hindenburg eingegangen (Vgl. Kap. 2.2.2). Mit der Kraft des „Rettermythos" bzw. der Deutungshoheit über diesen konnte der „Führermythos" gebildet und gefestigt werden. Er knüpft somit zwar an eine alte Traditionslinie an, bricht aber andererseits mit dieser insofern, als dass er die Weimarer Republik beenden und eine Diktatur, das „Dritte Reich", aufbauen möchte.

„Der Führer" sollte als Markenname mit enormem Nutzen für die Nationalsozialisten etabliert werden. Er sollte mit modernsten Techniken der Werbung in den Köpfen der Bevölkerung zementiert werden.

Um dieses Ziel zu erreichen baute man seit 1932 auf einen sehr stark personalisierten Wahlkampf. Waren es anfangs noch die, für die Weimarer Zeit üblichen narrativen Wahlplakate, sollte nun das Porträt Hitlers im Zentrum des Plakates stehen.[21] Wie schon beim „Retter" Hindenburg auf dem Wahlplakat zur Reichspräsidentenwahl 1925 (Vgl. Abb. 1), sollte auch bei Hitler lediglich Kopf und Name, später Kopf und Titel, ausreichen um Wirkung zu erzielen. Dies war der erste Schritt zur Einführung eines Markenartikels. Dass der wirkungsvolle „Rettermythos" anfangs dazu genutzt wurde, zeigt Kapitel 2.2.2 und die Anlehnung an diverse Wahlplakate Hindenburgs.

Bei der Gestaltung der Wahlplakate bzw. bei der gesamten Werbekampagne orientierten sich Goebbels und Hitler an den Erwartungen und Wünschen der deutschen Bevölkerung. Es ging um eine Emotionalisierung der potentiellen Wähler, die das Verhindern von objektiver Abwägung beim Betrachter im Sinn hat. Gute Propaganda im Sinne der Nationalsozialisten sollte möglichst viele Menschen berühren und eine manipulierende Wirkung auf die Meinungsbildung und das (Wahl-)Verhalten ausüben.[22]

Um die Erwartungen und Wünsche der Bevölkerung anzusprechen, stütze sich Goebbels noch nicht auf demoskopische Untersuchungen, wie dies Konrad Adenauer erstmals tat, sondern

---

[21] Vgl. Behrenbeck, S. 59.
[22] Vgl. ebd., S. 54.

lediglich auf seine Intuition, angereichert durch eigene Wünsche, Erfahrungen und Vorbilder. So wurde grundsätzlich nach dem pragmatischen „try and error"-Prinzip vorgegangen. Folgte auf eine Präsentationsform weniger gute Resonanz, wurde die Darstellung entweder abgeändert, bis sie zufriedenstellend war oder vollständig verworfen.[23]

Bis zu seiner Ernennung zum Reichskanzler am 30.1.1933 repräsentierte Hitler lediglich die NSDAP. Er war zwar teilweise aber vor allem parteiintern schon als „Der Führer" bekannt, wurde auf Plakaten jedoch noch als Adolf Hitler bezeichnet. Es waren noch Name und Gesicht, die den Markenartikel Adolf Hitler visualisierten. Ändern sollte sich dies jedoch mit seiner Ernennung zum Reichskanzler. Ganz im Sinne eines neuen „Dritten Reiches" sollte Hitler nun für das ganze Volk, das System und den Staat stehen.

Der militaristische, radikale Soldat sollte nun ernster Staatsmann und „Führer" werden. Die Marke „Führer" zu etablieren war das oberste Ziel des Propagandaministeriums.[24]

Dabei spielte der Leibfotograf Hitlers, Heinrich Hoffmann, eine entscheidende Rolle. Seine Aufgabe war es, der neuen Marke eine neue Gestalt zu geben. Ganz wenige öffentliche Motive sollten den Wiedererkennungswert des Markenartikels erhöhen und Hitler als Ikone erscheinen lassen.[25]

Das Plakat zur Reichstagswahl und Volksabstimmung am 12. November 1933 stellt Hitler als eines dieser wenigen Motive dar und ist Teil der neuen NS Markenstrategie. Mit ernster, staatsmännischer Mine blickt Hitler in die Zukunft symbolisierende Ferne. Im Gegensatz zu früheren Bildern hat Hoffmann Hitler auf diesem Plakat ruhiger, gefasster und staatsmännischer dargestellt. Statt visualisierter Kampfbotschaft präsentiert Hitler nun staatsmännische Würde und Besonnenheit. Überdimensioniert wurde er durch Fotomontage vor eine das Volk repräsentierende Menschenmenge gesetzt. Während die Menschenmenge nahezu aus der Vogelperspektive aufgenommen wurde, ist Hitler aus Untersicht fotografiert. Außerdem steht er in cäsarischer Pose und in militärischer Kleidung mit dem Rücken zum Volk. Durch diese Darstellung wird die symbolische Bedeutung des „Führers" unterstrichen.[26]

Die Fotomontage erhebt Hitler aus dem gemeinen Volk und stellt ihn als über den Massen schwebend dar. Durch die den rechten Arm zum Hitlergruß erhebenden, Menschen im Hintergrund wird der Eindruck erweckt als würde eine göttliche Gestalt angebetet. Unterstrichen wird dies durch die Pose und den abgewandten Blick Adolf Hitlers. Gleichzeitig unterstützt das Abgewandte den „Führermythos". Hitler scheint als übermenschliche Gestalt, als „Füh-

---

[23] Vgl. Behrenbeck., S. 54f.
[24] Vgl. ebd., S. 59f.
[25] Vgl. ebd., S. 61f.
[26] Vgl. ebd., S. 62.

rer", vorweg zu gehen, während ihm das Volk willig folgt. Der Blick in die Ferne verdeutlicht, dass dieser Weg in eine neue „bessere" Zukunft führen soll.[27] Lediglich das Eiserne Kreuz und das Verwundetenabzei-chen sind Teil seiner braunen „Parteiuniform", um auf seine Vergangenheit als einfacher Soldat hinzuweisen. Bewusst verzichtete die Werbestrategie auf Rangabzei-chen und herrschaftliche Symbolik wie sie Kaiser Wilhelm II. beispielsweise intensiv zur Selbstdarstellung einsetzte (Vgl. Kap. 2). Die Symbolik sollte hauptsäch-lich durch die Person selber entstehen und nicht durch herrschaftlichen Prunk überlagert werden. Die Assozia-tion Hitler - Führer bzw. Name - Titel sollte ausschließ-lich über die Darstellung der Person erfolgen und nicht durch aufwendige Symbolik unterstützt werden. Deswegen war es notwendig, das Motiv selbst mit Symbolik aufzuladen und als Ikone zu stilisieren.[28]

Werbestrategie zur Umsetzung dieses Ziels war der Einsatz möglichst vieler Medien und die allgegenwärtige Präsenz des typischen Seitenscheitels, des Schnauzbarts, des ernsten Blicks sowie der oben genannten Pose.[29] Auf Plakaten und Zeitungen, in Parteifilmen, in Amtsstuben, in Festsälen und Wohnzimmern, überall war das typische „Führer"-Motiv präsent.[30] Selbst Hitler folgte diesem Prinzip und erschien 1932 nach amerikanischem Vorbild, während seines Wahlkampfes in mehreren Städten pro Tag. Untermauert wurde diese Strategie durch einen späteren Dokumentarfilm mit dem Namen „Hitler über Deutschland".[31] Schnell wurde das Motiv in der Bevölkerung zum Kultobjekt und durch die Werbeindustrie zur Produktwerbung eingesetzt. Auf Gebrauchsgegenständen wie Bierkrügen und Sofakissen, sogar auf Lebensmitteln wurde das Porträt verwendet. Gegen diesen „Führer-Kult", den Goebbels offiziell als „Hitler-Kitsch" bezeichnete, führte dieser einen jahrelangen erfolglosen Kampf. Um das Markenmonopol mit seiner Symbolik zu erhalten wurden zudem alle Bezeichnungen, die den Titel „Führer" trugen verboten, denn zu den bereits bestehenden ent-

---

[27] Vgl. Behrenbeck, S. 62.
[28] Vgl. ebd., S. 62.
[29] Vgl. ebd., S. 52.
[30] Vgl. ebd., S. 68.
[31] Vgl. ebd., S. 59.

standen, bedingt durch den „Führer"-Kult, schnell neue Konkurrenznamen wie beispielsweise „Führer des Betriebs".[32]

Für die Menschen hatte der „Führer" deswegen nicht nur etwas Übermenschliches und Göttliches, vielmehr zeigte sich schon ein wichtiger Gesichtspunkt heutiger Stars. Die Bevölkerung hatte Interesse an dem Menschen hinter dem Halbgott. Wie bei heutigen Prominenten wollten sie das Privatleben abseits der Bühne sehen. Deswegen waren auch besonders die Fotos Heinrich Hoffmanns begehrt, die Hitler in einer vermeintlichen Privatsituation zeigten. So war die Etablierung des „Führermythos" einerseits eine bewusst politisch gesteuerte und inspirierte Propaganda. Andererseits leistete die Bevölkerung durch ihre Erwartungen, Wünsche und Sehnsüchte, die sie mit dem „Führer" verband, einen enormen Beitrag zur Verbreitung und Festigung dieses Mythos.[33] Der anfangs zitierte Spruch belegt diese Aussage.

Insgesamt ist dies der erste bewusst durch Werbe- und Markenstrategien entwickelte Mythos. Mit der Kraft eines im Volk entstandenen Mythos, dem „Rettermythos", konnte sich der „Führermythos" durch gezielte Propaganda entfalten. Was bei Hindenburg schon in Ansätzen zu erkennen war, wird bei Hitler in Gänze umgesetzt: Er ist der erste Politiker, der als Markenartikel fungiert. Diese Strategie war erfolgreich und hatte eine enorme Wirkung. Sabine Behrenbeck schreibt dazu:

> „Wie Ian Kershaw überzeugend nachgewiesen hat, erzeugt nicht die Partei oder ihre Ideologie, sondern in erster Linie der Führer-Mythos die entscheidende Integrationskraft des ‚Dritten Reiches'."[34],

und betont damit einmal mehr die Bedeutung dieser Strategie für den langen Erhalt der grausamen nationalsozialistischen Diktatur.

Politiker der Werbeindustrie. Der Weg in die Mediengesellschaft

Mit seinem personalisierten Wahlkampf und seinen Werbestrategien war Hitler unbewusst Vorreiter für spätere Wahlkämpfe. Er nutzte die Medien intensiv für seine Propaganda und orientierte sich an amerikanischen Wahlkampfstrategien. Es ist eindeutig, dass Hitler eine

---

[32] Vgl. Behrenbeck., S. 68.
[33] Vgl. ebd. S. 71.
[34] Ebd.

wirkungsorientierte politische Propagandastrategie verfolgte (Vgl. Kap. 2.3). Doch mit der demokratischen BRD entwickelten sich auch neue Formen der Politikerdarstellung. Noch mehr wurde der Politiker zum Markenartikel. Werbestrategien, die sich im Nationalsozialismus noch auf Intuition und eigene Erfahrungen stützten, werden nun mit demoskopischen Untersuchungen und Meinungsforschung untermauert.

Heutzutage gelten für den Politiker die gleichen Kriterien wie für Zahnpasta oder Autos mit dem einzigen Unterschied, dass das eine Produkt gekauft und das andere „Produkt" gewählt werden muss. Ausgangspunkt dieser Entwicklung, die bei Adenauer noch in abgeschwächter Form galt, die sich bei Schröder aber schon vollends durchgesetzt hatte, war die USA. Im Folgenden stelle ich Adenauer, Schröder und Angela Merkel mit Blick auf ihre „Vermarktungsstrategien" und ihre Rolle in den Medien vor.

Konrad Adenauer als erstes Produkt der Wer-beindustrie

Am 30. April 1945 nimmt sich Adolf Hitler in seinem Führerbunker das Leben. Kurz darauf folgt am 8. Mai die bedingungslose deutsche Kapitulation. Damit sind zwölf Jahre grausame nationalsozialistische Diktatur beendet. Am 23. Mai 1949 schließlich wurde in den drei westlichen Besatzungszonen die demokratische Bundesrepublik Deutschland gegründet und am 14. August desselben Jahres sollten die ersten freien, ge-heimen und unabhängigen Wahlen stattfinden. Mit denkbar knapper Mehrheit wurde Konrad Adenauer – Kandidat der CDU/CSU – mit 31 Prozent zum ersten Bundeskanzler der BRD gewählt.[35]

Mit ihm beginnt ein neuer Abschnitt deutscher Geschichte, der sich auch in der Politikerdarstellung widerspiegelt. 14 Jahre sollte Adenauer fortan regieren und zu jeder Wahl seine Mehrheit ausbauen. Die absolute Mehrheit erhielt er schließlich am 15. September 1957 mit 50,2 Prozent. Seitdem ist kein Bundeskanzler der BRD mit so deutlicher Mehrheit bestätigt und bestärkt worden. Nur Kohl gelang es als „Kanz-ler der Wiedervereinigung" ein ähnlich gutes Ergebnis zu erzielen. Neben dem Vertrauens-

---

[35] Vgl. Mensing, S. 105.

14

beweis der Bürger aufgrund seiner erfolgreichen Strategien zur Neuorganisation der BRD, ist dieses Ergebnis aber auch Resultat einer strategisch überlegten und neuartigen Wahlkampfführung.[36]

Erstmals wurden im Zuge des Wahlkampfes 1957 von der CSU/CDU Meinungsforscher beauftragt demoskopische Untersuchungen durchzuführen. Ergebnis war das von Paul Aigner entworfene CDU-Wahlplakat, an dessen Ausgestaltung zudem Mitarbeiter der Werbefirma „Die Werbe" und der Firma Hegemann beteiligt waren. Auch dies war Teil einer neuartigen Wahlkampfführung.[37]

Paul Aigner erzielte seine großen Erfolge mit Werbeplakaten für Sinalco, den österreichischen Textildiscount Palmers und mit zahlreichen Plakaten für den Wintertourismus. Er orientierte sich bei der Darstellung folglich an Mitteln der PR-Technik.[38] Während viele Wahlplakate der damaligen Zeit schon auf die Techniken der Fotografie setzten, setzte er aus mehreren Gründen noch ganz bewusst auf eine gemalte Darstellung.

Adenauer war 1957 schon 81 Jahre und kurz vor dem Wahlkampf wegen einer schweren Lungenentzündung mehrere Wochen ans Bett gefesselt. Aus diesem Grunde kam eine EMNID-Studie zu dem Ergebnis, dass die Menschen durch das hohe Alter Adenauers abgeschreckt und ihm die Last des politischen Amtes nicht mehr zutrauen würden. Die Antwort darauf spiegelt sich in der visuellen Darstellung Adenauers wider. Mit der Fotovorlage, an der Aigner sich orientierte, hatte das Plakat nur noch wenig Ähnlichkeit. Das Gesicht wirkt runder, die Haut ist gebräunt, die Altersflecken entfernt, die Haut gestrafft, die Haare blondiert und die eigentlich braunen Augen sind nun blau. Insgesamt ist Adenauers Gesicht extrem verjüngt dargestellt, um auf die Sorgen der Bevölkerung zu reagieren. Interessanterweise ist die Retusche den Bürgern nur bedingt aufgefallen, da bislang ausschließlich Schwarz-weiß Fotos Adenauers existierten.[39]

Auch in anderen medialen Darstellungen spiegelt sich diese „Jungbrunnenstrategie" wider. Ganz bewusst inszenierte Adenauer sein Privatleben. Beim Pfannkuchenbacken, als Familienvater, bei der Rosenpflege und beim Boulespielen demonstrierte er Vitalität, Selbstbewusstsein und stoische Ruhe. Seine Reisen, insbesondere im Vorfeld der Wahlen, passen ebenso in diesen Kontext. Vor den Wahlen 1957 reiste Adenauer mit Journalisten im eigenen Zug zu

---

[36] Vgl. zu diesem Abs. Mensing, S.105.
[37] Vgl. zu diesem Abs. Bösch, S. 196f. (II).
[38] Vgl. ebd. S. 196 (II).
[39] Vgl. ebd. , S. 196f. (II).

verschiedenen Schauplätzen der Welt. Ziel war es, den Medien einen aktionsgeladenen, vor Vitalität sprießenden Adenauer zu präsentieren. Schnell folgten die erwarteten Bilder in allen Illustrierten. Mit Indianerschmuck und Cowboyhut wurde Adenauer in den USA als starker mit Soraya, der Kaiserin von Persien, als dynamischer und charmanter Mann abgelichtet. All diese Inszenierungen waren Teil einer Wahlkampfstrategie, die durch Werbefachleute gesteuert wurde. Die eingangs erwähnte Firma Hegemann riet der CDU überparteilicher, knapper, pointierter und unpolitischer zu agieren. Im Grunde war die Strategie keine andere als die schon lange praktizierte amerikanische Wahlkampfstrategie: „Homestory", „human touch" und „emotional design".[40]

„Keine Experimente!", so der Slogan des Wahlplakates, ist ebenfalls das Resultat der Werbefirma „Die Werbe". Der Essener Werbefachmann Hubert Strauf, Erfinder dieses Slogans, war unter anderem für diverse Coca-Cola Slogans wie „Mach mal Pause – trink Coca-Cola – das erfrischt." bekannt. Das politische Plakat sollte eine gänzlich neue aber dennoch vertraute Ebene darstellen, da annähernd die gleichen Kriterien entscheidend waren. Der Slogan ist knapp, pointiert sowie positiv und harmonisch. Er macht Kontinuität und eine antikommunistische Einstellung deutlich, ohne explizit darauf zu verweisen. Er offenbart die konservative Gesinnung der CDU, ohne explizit diesen problematischen Begriff zu verwenden. Der Slogan bietet viel Interpretationsfläche, konzentriert sich dabei auf das Wesentliche und vermeidet bewusst polarisierende politische Themen anzusprechen. Frank Bösch schreibt dazu, dass gerade so „[…] ein direkter Verweis auf die von Adenauer geplante Ausrüstung der Bundeswehr mit Atomwaffen umgangen […]" wurde, die viele Bürger ablehnten.[41] Ob die antikommunistische Suggestion des Plakates ohne den Volksaufstand in der DDR im Juni 1953 und ohne die revolutionären Unruhen in Ungarn vom Herbst 1956 erfolgreich gewesen wäre, kann nicht beantwortet werden. Bei jeder Strategie spielt der Zufall selbstverständlich eine gewisse Rolle und trotzdem findet sich in diesem Slogan – und das ist das entscheidende – das Kalkül eines Werbefachmannes wieder.[42]

Unterstreicht die Visualisierung Adenauers als gemaltes Porträt und der Slogan „Keine Experimente" die konservative Einstellung der CDU, so stellt die Wahlkampfführung genau das Gegenteil dar. Sicherlich trugen Aspekte wie die politischen Ergebnisse der Amtszeit ver-

---

[40] Vgl. zu diesem Abs. Ebd., S. 199 und Mensing, S. 106ff.
[41] Bösch, S. 198 (II).
[42] Vgl. zu diesem Abs. ebd., S. 198 (II).

stärkt zu den Wahlergebnissen bei, doch spielte die moderne Wahlkampfführung eine entscheidende Rolle für den Wahlerfolg gegen die noch sehr traditionell agierende SPD.[43] Der Wahlkampf der CDU sollte eine neue Phase einleiten. Immer mehr wird der Politiker zum Markenartikel, immer mehr gelten für ihn die gleichen Kriterien wie Waren und Gebrauchsartikel und immer weiter verschwimmen die Grenzen zwischen Unterhaltung und Politik. Der Macht der visuellen Darstellung und deren Einfluss können sich die Spitzenpolitiker fortan nicht mehr entziehen, um sich im politischen Geschäft durchzusetzen. Vorläufer dieser Entwicklung gab es jedoch schon zuvor. Wilhelm II. beispielsweise wusste es gezielt, sein Privatleben und speziell sich selbst in den Medien zu inszenieren. Ganz bewusst steuerte er seine mediale Darstellung im Sinne der „homestory" und des „emotional design", ohne dass diese Begriffe existierten (Vgl. Kap. 2). Auch Hindenburg setzte ganz im Sinne der modernen Strategien auf einen stark personalisierten Wahlkampf und auch er erschien vermutlich altersbedingt ganz bewusst als gemaltes Porträt auf seinen Wahlplakaten (Kap. 3.1). Und ebenso Goebbels lehnte sich zur Inszenierung des „Führerkults" ganz bewusst an den Wahlkampfstrategien der USA an. Er verfolgte die Auftritte des zu der Zeit amtierenden Präsidenten Roosevelt und kopierte die mediale Inszenierung für die nationalsozialistische Propaganda (Vgl. Kap. 4). Dennoch zeigt Adenauers Wahlkampf entscheidende Neuerungen. Erstens setzte man zum ersten Mal Meinungsforscher ein, zweitens nutzte man zum ersten Mal die Beratung von Werbefachleuten; damit wurden zum ersten Mal explizit Kriterien der Werbeindustrie auf die mediale Inszenierung eines Politikers angewandt. Und ganz entscheidend: Er schaute die Bevölkerung „nicht als strenge Obrigkeit an, sondern als väterlicher ‚Lenker des Geschicks aller', ruhig, überlegen, aber doch nicht diktatorisch."[44] Damit sagt die Fotografin Liselotte Strelow, dass dies zwar ein personalisierter Wahlkampf war, er sich aber ganz bewusst von den vergangenen militaristischen, diktatorischen und sakralisierenden unterschied.

Mit Gerhard Schröder zum deutschen „Politainment"

Während Adenauer sich noch teilweise unbewusst an den Strategien der USA orientierte, setzte Schröder nun ganz bewusst auf diese. Grund für diese Entwicklung war unter anderem eine wichtige Veränderung: Immer mehr Bürger wurden zu volatilen Wählen, zu Wählern, die sich erst unmittelbar vor der Urne entscheiden. Immer weniger konnten die Politiker auf ihre eigene Stammwählerschaft setzen und so bildete die politische Werbung einen immer größe-

---

[43] Vgl. Bösch, S. 201 (II)s
[44] Strelow zit. n. ebd., S. 197.

ren Faktor in der Politik und im Besonderen im Wahlkampf. Gerhard Schröder war der erste deutsche Politiker, der in seiner medialen Darstellung eine neuartige Mediendemokratie widerspiegelt.

Ein Unterschied zwischen volatilen Wählern und Stammwählern besteht darin, dass erstere dauerhaft umworben werden müssen. Immer weniger spielt das soziale Milieu oder die soziale Schicht bei der Wahl eine Rolle. Es ist nicht mehr so, dass ein Facharbeiter notwendigerweise die SPD wählt und andererseits wählt der katholische Bewohner eines Dorfes nicht mehr unbedingt die CDU. Der Facharbeiter sucht heutzutage Politiker und Parteien wie „last minute" Reisen oder Handys aus. Im Mittelpunkt stehen dabei häufig Sympathie, eigene Vorteile und Versprechen. Realpolitik rückt dementsprechend immer mehr in den Hintergrund. Die Konsequenz ist, dass die Politiker sich wie Politikanbieter auf einem Markt bewegen, auf dem es mit allen Mitteln die Vorherrschaft zu erlangen gilt.[45]

Auf der medialen Ebene gab es eine zweite Veränderung: Die Einführung des dualen Rundfunksystems 1984. Ein Ringen um Marktanteile und Einschaltquoten war die Folge. Es wurde nur noch gesendet, was massenwirksam war und das waren die Sendungen mit dem größten Unterhaltungswert.[46]

Folglich mussten die Politiker nun, um einen Großteil der potentiellen Wähler zu erreichen, viele öffentliche Auftritte in derartige Unterhaltungsshows verlagern. Heutzutage sind Polit-Shows wie Maybrit Illner, Anne Will oder „Hart aber fair!" selbstverständlich, damals sind sie als Ergebnis des Unterhaltungs-Booms in der Fernsehindustrie entstanden.

Auch wenn zur Amtszeit Helmut Kohls diese Entwicklung schon stattfand, war Gerhard Schröder der erste Politiker, an dessen öffentlicher Darstellung man sie intensiv spürte. Mit ihm wurde ein neuer Begriff in den deutschen Wortschatz überführt: Das „Politainment", die Verquickung von Politik und Showgeschäft.[47] Wie im vorangegangenen Kapitel waren auch bei dieser Entwicklung die USA Vorreiter. Dort wurde 1980 mit Ronald Reagan der erste Schauspieler Präsident, der die politische Inszenierung schon aufgrund seines ehemaligen Berufes perfekt beherrschte.[48]

---

[45] Vgl. zu diesem Abs. Dörner & Vogt, S. 659 (II).
[46] Vgl. zu diesem Abs. Ebd.
[47] Vgl. ebd., S. 659 (II).
[48] Vgl. Dörner, S. 141.

Was dort also schon länger gang und gäbe war, wurde nun auch in Deutschland eingeführt; nicht zuletzt durch den Charakter Gerhard Schröders. Eine gravierende Folge war, dass die politische Realität in den Köpfen der Bevölkerung fortan in den Medien konstruiert wurde.[49] Gerhard Schröders Wahlkampf und seine Amtszeit macht diese Entwicklung an vielen Beispielen deutlich.

Auf dem SPD-Wahlparteitag am 17. April 1998 beispielsweise inszenierte sich Gerhard Schröder wie ein Filmstar in Hollywood. Auf einem detaillierten Ablaufplan wurden verschiedene Lichtstimmungen und Musikeinspielungen zur Unterstützung des Ablaufes notiert. So sollte Gerhard Schröder laut Ablaufplan um 10:17 Uhr nach der Einspielung eines Films zur Lichtstimmung V und der Titelmusik des US-Präsidententhrillers *Airforce One* in den Saal einmarschieren. Der gesamte Plan des Parteitages wirkt wie die Inszenierung einer Hollywoodshow mit dem Showstar Gerhard Schröder.[50]

Sogar Vorabendserien nutzte er um potentielle Wähler zu erreichen. Im Juni 1998 hatte Gerhard Schröder in der 1500. Folge von *Gute Zeiten, schlechte Zeiten* einen kurzen Gastauftritt im Restaurant der Serie. Bis zu sechs Millionen, überwiegend junge Zuschauer erhoffte er damit für die Wahl zu gewinnen. Auch bei *Wetten, dass...* erreichte er beim Smalltalk auf der dem Sofa mit Thomas Gottschalk 18,06 Millionen Fernsehzuschauer. Immer wieder wurde die vermeintliche Realität für den Betrachter im Fernseher inszeniert. In Illustrierten wie *Bunte* oder *Gala* geschieht dasselbe, lediglich auf der Ebene des Standbildes.[51]

---

[49] Vgl. Dörner, S. 146.
[50] Vgl. Ebd. Abbildung auf S. 142 und Dörner & Vogt, S. 656 (II).
[51] Vgl. Ebd., S. 143 und ebd., S.656f. (II).

Die Erstausgabe der Zeitschrift „Stars & Style" verdeutlicht diese Entwicklung beispielhaft. Das von Peter Lindbergh geschossene Foto ist mit „Der Lifestyle-Kanzler" betitelt. Sicherlich handelt es sich bei der „Stars & Style" nicht um eine politische Zeitung und deshalb verwundert auch die unpolitische Aussage nicht. Trotzdem hat Gerhard Schröder ganz bewusst dieses Image aufgebaut und gepflegt. Mit rauchender Zigarre im Mund oder wie hier in „Denkerpose", bewusst ließ er sich oftmals schwarz-weiß fotografieren. Selbst die Wahlplakate 1998 waren schwarz-weiß. Es war Teil seines Images als Medienkanzler. Er verstand es, sich im Mittelpunkt der Medien ohne politische Aussagen zu bewegen. Mehr noch: Er konnte vom politischen Alltag ablenken und in der Bevölkerung eine positive Grundstimmung zum politischen Geschehen erzeugen, unabhängig von seinen politischen Entscheidungen.[52] „Über gute Politik lässt sich streiten, über guten Geschmack nicht. […] Die deutsche Politik sah lange nicht mehr so gut aus wie heute."[53] Überaus treffend bringen diese beiden Sätze das eben Genannte auf den Punkt.

Dies ist die eine Seite des „Politainment", die A. Dörner als „unterhaltende Politik" beschreibt. Sie geht vom Politiker aus, welcher die Medien für seine Zwecke nutzt. Die andere Seite nennt Dörner „politische Unterhaltung", welche von der Medienindustrie ausgeht und die politischen Akteure für ihre Zwecke nutzt.[54]

Politiker oder politische Ereignisse sollen Einschaltquoten und damit einhergehend Geld erwirtschaften. Bedingt durch die anfangs beschriebene Entwicklung des dualen Rundfunksystems hat das „Politainment" eine gewinnmaximierende Funktion für die Medienindustrie; Politiker dienen der Sicherung von Marktanteilen. Aus diesem Grund besteht eine Abhängigkeit zwischen politischem Akteur und den Medieninstitutionen. Der Politiker hat heutzutage ohne die Unterhaltungsformate wenige Aussichten auf politische Macht und die Medien haben ohne die politischen Akteure weniger Einschaltquoten, ergo weniger Geld.

Ist seit Kohl jeder Politiker in dieses System eingebunden, war es doch bei Gerhard Schröder extremer ausgeprägt als bei Angela Merkel beispielsweise (Vgl. 5.4). Auch Stoiber, Schröders Konkurrent im Wahlkampf 1998, ist medial weniger auffällig. Welchen Grund gibt es dafür? Sicherlich spielt, wie bereits angemerkt, auch der Charakter eine entscheidende Rolle. Schröders Politik, die Darstellung seiner Politik, sein politischer Stil, war sehr auf seine Person fixiert.[55] Er ließ sich im Kanzlerbüro mit dem Bundestag im Rücken fotografieren und

---

[52] Vgl. Dörner & Vogt, S. 660 (II)..
[53] Dies ist der Text zum Foto der Abbildung 4.
[54] Vgl. zu diesem Abs. Dörner, S. 143.
[55] Vgl. Paul, S. 748f. (II).

symbolisierte somit eindringlich seine Interpretation des politischen Systems mit dem Kanzler im Zentrum.

Insgesamt ist der Modus der medialen Inszenierung a priori immer von der eigenen Einstellung und Persönlichkeit abhängig. Sich dem zu entziehen ist seit Kohl und spätestens seit Schröder jedoch nicht mehr möglich. A. Dörner und L. Vogt schreiben dazu trefflich: „Die Wahrnehmung des Publikums und damit auch sein Erwartungshorizont haben sich entertainisiert."[56]

Dies zeigt der mediale Wandel Angela Merkels exemplarisch.

Angela Merkel: Die mediale Antiheldin?

Könnte man Gerhard Schröder als Meister der politischen Inszenierung bezeichnen, so war Angela Merkel anfangs genau das Gegenteil. „Ihre öffentlichen Auftritte widersprachen allen Gesetzen der Macht"[57], schreibt Gerhard Paul dazu. Doch ist dies in unserer Mediengesellschaft überhaupt in Gänze möglich, wenn man politische Macht erhalten möchte?

Die Antwort findet sich in der Veränderung ihres Auftretens nach der Wahl zur Bundeskanzlerin. Beherrschte Gerhard Schröder von Anfang an schon die politische Inszenierung, wirkte Merkel anfangs noch recht unbe-holfen. Exemplarisch dafür steht der Schnappschuss von Michael Ebener.

Anfang November 1990, einen Monat vor der Bundestagswahl, besucht die Spitzenkandidatin der CDU eine Fischerhütte auf Rügen. Es ist früh am Morgen, die Morgensonne scheint sichtbar durch das Fenster und die fünf Fischer sind soeben von der Nachtschicht in ihre Hütte zurückgekehrt. Müde und ausgelaugt scheinen sie von der potentiellen Kanzlerin wenig Kenntnis zu nehmen. Der eine schaut abwesend aus dem Fenster, der andere auf seine Hände, ein dritter blickt teilnahmslos in die Hütte. Lediglich der Fischer im rechten Vordergrund scheint in ein Gespräch verwickelt, doch wehrt er dieses mittels seiner linken Handbewegung sichtbar ab. Angela Merkel sticht durch ihr Äußeres keinesfalls heraus und bildet auch nicht den Mit-telpunkt dieses Fotos. Sie scheint fehl am Platze und verbirgt mit ihrem verhaltenen Lächeln nicht, dass sie sich unwohl und fremd fühlt. In Zeiten des „Politainment", des „Lifestyle-Kanzlers", wirkt dieses Arrangement irreal und unzeitgemäß; gänzlich ohne positive Wirkung auf den Betrachter.[58]

---

[56] Dörner & Vogt, S. 659 (II).
[57] Paul, S. 744 (II).

21

Wurde Gerhard Schröder am Ende seiner Karriere verspottet, weil Realpolitik auf „Politainment" traf, hatte Angela Merkel zu Beginn ihrer Karriere mit dem Spott der Presse zu kämpfen, da eine medienscheue Frau auf die Mediengesellschaft traf.[59] Ihr Auftreten und ihr Äußeres waren lange Zeit Zielscheibe für Werbefirmen und Satiremagazine, die sie auf Plakaten, Covern oder anderen Medien karikierten. Das Satiremagazin *Titanic* beispielsweise zeigte im Mai 2000 eine ziemlich übermüdete Kanzlerin mit dem Untertitel „Darf das Kanzler werden?" auf ihrem Cover, das Online-Satiremagazin *kampfratte.de* entwarf ein fiktives SPD-Wahlplakat mit Angela Merkel und der Parole „Keine Macht den Drogen!" und ein Sixt-Werbeplakat aus dem Jahre 2001 zeigte Merkel mit ihrer anfänglichen „Topf"-Frisur und daneben mit weit abstehenden Haaren. Der Untertitel lautete: „Lust auf eine neue Frisur? Mieten Sie sich ein Cabrio.".[60] Die Liste ließe sich weiterführen, doch wird es jetzt schon deutlich: Angela Merkel wurde auf ziemlich drastische Weise in die Realität der Mediengesellschaft gestoßen. Sich dagegen zu wehren, war ihr nicht möglich.

Seit den Bundestagswahlen 2002, bei denen Merkel kurzfristig ihre Kandidatur aufgab, wurde ein bekannter Berater der Werbeindustrie eingestellt, um Angela Merkel und die CDU auf dem politischen Markt zu etablieren. Zuständig sollte die Werbeagentur McCann-Erickson sein, die unter anderem als Berater für Coca Cola, Siemens, Esso, UPS, Bertelsmann und *Bild*-Zeitung agierte. Die politische Marke „Angela Merkel" sollte das Bild einer frischen, vitalen und kompetenten Modernisiererin und Hoffnungsträgerin transportieren.[61]

Mehr noch als bei Adenauer (Vgl. Kap. 5.1) und bei Schröder (Vgl. Kap. 5.2) sollte eine Werbeagentur Einfluss auf die Wahlkampfgestaltung einer Partei haben.

2004 im Europawahlkampf sollte die erste Veränderung auf Vorschlag der Agentur stattfinden. Statt dem konservativen Schwarz der Partei, sollte Orange die neue Farbe der CDU wer-

---

[58] Vgl. Paul (II), S. 744.
[59] Vgl. ebd., S. 745 und Dörner & Vogt, S. 660.
[60] Vgl. Paul (II), S. 745.
[61] Vgl. zu diesem Abs. ebd. (II), S. 747.

den.[62] Als Synonym für Optimismus, Lebensfreude und Vertrauen ist die innovative Farbe der erste Schritt zur „kompetenten Hoffnungsträgerin". 2005 zum Bundestagswahlkampf stellte sich Merkel nun grundlegend verändert dar. Wie ausgewechselt präsentierte sie sich im Fernsehen, auf Plakaten und anderen Medien. Ihr neues Image hatte sich in nahezu allen Belangen an die Regeln der Mediengesellschaft angepasst.[63] Wirkte sie bei den Fischern in der Hütte (Vgl. Abb. 5) äußerlich noch wie die „burschikose Wissenschaftlerin"[64], ist sie auf dem zentralen Wahlplakat der CDU eine selbstbewusste, gepflegte Dame. Die Kleidung, die neue Frisur, die Mimik, die Schminke, die Farbe und die Körperhaltung, selbst der Retuschierpinsel ist Teil der Markenstrategie. „Zu einer Ikone, einem Heiligenbild von weicher und verständiger Güte", zitiert Gerhard Paul Henning Wagenbreth, sei Merkel stilisiert

worden.[65]

Mit diesem bewusst herbeigeführten Wandel im Wahlkampf, mit ihrer Präsentation folgte im Grunde auch Angela Merkel den Prinzipien des „Politainment", jedoch auf grundsätzlich andere Weise als Gerhard Schröder. Standen bei Schröder mediale Selbstinszenierung, gro-ße Gesten, Emotionalisierung und Machtde-monstration im Mittelpunkt, so ist es bei An-gela Merkel Pragmatismus, Rationalität, Optimismus und Sachbezug. Im Gegensatz zu ihrem Amtsvorgänger (Vgl. 5.2) und ihrem Parteivorgänger Adenauer (Vgl. 5.3), schottete Merkel ihr Privatleben prinzipiell vor der Öffentlichkeit ab und stellte somit ihr Amt in den Vordergrund.66 Lässt sich Schröder mit dem Bundestag im Rücken ablichten, so blickt Angela Merkel demonstrativ auf diesen.

---

[62] Vgl. Paul, S. 747 (II).
[63] Vgl. ebd.
[64] ebd., S. 748.
[65] Wagenbreth zit. n. Paul (II), S. 747.
[66] Vgl. zu diesem Abs. Paul (II), S. 748f.

So unterschiedlich die Darstellungen der beiden Politiker Schröder und Merkel auch sind, so bleibt es doch bei Beiden politische Inszenierung, „Politainment", mit dem Ziel des Machtgewinns und der Machterhaltung.

Insgesamt zeigt sich bei Angela Merkel exemplarisch die Macht der Mediengesellschaft und die sich seit Adenauer entwickelnde Politikerpersönlichkeit als Produkt der Werbeindustrie. Schließlich war Merkel keine Antiheldin der Mediendemokratie, sie wirkte lediglich so.[67] Auch sie musste sich den Regeln einer neuen durch die Massenmedien dominierten Gesellschaft fügen, um sich auf dem politischen Markt zu etablieren, letztendlich mit Erfolg.

Fazit

Alle vorgestellten Politiker des 20. Jahrhunderts verfolgten mit ihren Visualisierungen unterschiedliche Strategien. Entscheidend ist jedoch, dass unabhängig vom politischen System alle Politiker die Medien zum Machtgewinn oder zur Machterhaltung nutzten. Die Inszenierung der eigenen Person spielte also nicht erst in der Bundesrepublik Deutschland eine Rolle, sondern hatte schon bei Wilhelm II. einen enormen Stellenwert. Im Mittelpunkt aller Strategien stand eine politische Beeinflussung des Volkes durch Visualisierung in den Medien.

Trotzdem zeichnet sich deutlich der einleitend erwähnte Prozess ab: Setzte Wilhelm II. zwar schon auf eine politische Inszenierung, stand bei ihm noch keine bewusste Werbestrategie im Hintergrund. Auch bei Hindenburg wurde der „Rettermythos" zwar bewusst genutzt, jedoch nicht durch Wahlkampfstrategen gebildet. Er entstand, anders als der „Führermythos", aus dem Volk heraus. Trotzdem war der für die Weimarer Republik ungewöhnlich personenzentrierte Wahlkampf neuartig. Mit dem Wahlkampf Hindenburgs sollten die narrativen Wahlplakate durch personenbezogene abgelöst werden.

Die Nationalsozialisten knüpften an diese Strategie an und nutzten sie für ihre Zwecke. Sie bildeten im Schutze des „Rettermythos" einen eigenen Mythos, der entscheidend zur Integration ihres Systems beitrug: den „Führermythos". Entscheidend ist dabei, dass sie diesen *bewusst* bildeten. Die Bildung des „Führermythos" und die politische Marke „Führer" orientierte sich erstmals im 20. Jahrhundert in Deutschland an aktuellen Werbe- und Markenstrategien. Kam es mit der Bundesrepublik Deutschland zwar zu einem grundlegenden politischen und gesellschaftlichen Bruch, so wird in der medialen Darstellung der Politiker doch eine Kontinuität deutlich. Adenauer, Schröder und Merkel orientieren sich weiter an aktuellen

---

[67] Vgl. Paul, S. 747 (II).

Werbe- und Markenstrategien. Außerdem bauen sie wie Hindenburg und Hitler auf einen sehr personenbezogenen Wahlkampf. Im Gegensatz zu den vorangegangenen Politikern bauen die Politikerdarstellungen der Bundesrepublik Deutschland weder auf einen Personenkult noch auf Mythen um die eigene Person, trotzdem steht weiterhin die Visualisierung dieser im Mittelpunkt. Bauten Hitler und Goebbels noch auf die eigenen Erfahrungen, die Intuition und das „try and error"-Prinzip, setzte Adenauer erstmals auf Meinungsforscher und die Beratung durch Werbefachleute, um die Intensität der medialen Beeinflussung zu verstärken.

Entscheidend ist weiter, dass sich durch den technologischen Fortschritt der Medien immer mehr eine durch die Medien dominierte Gesellschaft herausbildete. Waren im Nationalsozialismus und in der Weimarer Republik noch die Plakate das zentrale Medium, so verlagerte sich die politische Darstellung immer mehr ins Fernsehen. Außerdem sind an die Stelle der Stammwähler immer mehr volatile Wechselwähler getreten.

Gerhard Schröder ist der erste Politiker bei dem diese Entwicklung deutlich wird. Er fügt sich den neuen Regeln der Mediengesellschaft mit einer neuen Strategie des „Politainments". Bei Angela Merkel zeigt sich die entstandene Macht der Mediengesellschaft schließlich beispielhaft. Unterscheidet sich ihre politische Inszenierung zwar grundlegend von ihrem Vorgänger, so musste sie sich dem Druck der Medien fügen und vollführte einen vollständigen äußerlichen Wandel. Mit Hilfe von Werbefachleuten passte sie sich im Wahlkampf schließlich der Mediengesellschaft an.

Insgesamt zeigt sich, dass mit der technologischen Entwicklung auch die Einflussnahme der Medien gestiegen ist. So ist der Prozess der einleitend beschriebenen Entwicklung der medialen Macht maßgeblich auf die technologische Entwicklung zurückzuführen. Was sich schon am Anfang des 20. Jahrhunderts abzeichnete, wird in der Bundesrepublik schließlich deutlich. Die politische Realität wird hauptsächlich in den Medien gebildet. Dabei handelt es sich nicht mehr um eine Realität im eigentlichen Sinne, sondern um eine zweite mediale Realität. Sie ist entscheidender Faktor für Machterhalt und Machtgewinn. So ist Politik „[…] auf der *Vorderbühne* [….]" durch einen Prozess im 20. Jahrhundert, „[…] zur Dauerwerbesendung geworden."[68]

---

[68] Dörner & Vogt, S. 659 (II).

Literaturverzeichnis

Bösch, Frank: „Keine Experimente". Adenauer als alternder Staatsmann, in: Paul, Gerhard (Hrsg.): Das Jahrhundert der Bilder. Band II: 1949 bis heute, Bonn 2009, S. 194-201.

Dörner, Andreas: Politik als Show. Wohin steuert die Mediendemokratie?, in: Stiftung Haus der Geschichte der Bundesrepublik Deutschland (Hrsg.): Bilder und Macht im 20. Jahrhundert, Bonn 2004, S. 140-147.

Dörner, Andreas & Vogt, Ludgera: Der Medienkanzler. Die mediale Inszenierung des Gerhard Schröder, in: Paul, Gerhard (Hrsg.): Das Jahrhundert der Bilder. Band II: 1949 bis heute, Bonn 2009, S. 654-661.

Görtemaker, Manfred: Bürger, Ersatzkaiser, Volkstribun. Reichspräsidenten in der Weimarer Republik, in: Stiftung Haus der Geschichte der Bundesrepublik Deutschland (Hrsg.): Bilder und Macht im 20. Jahrhundert, Bonn 2004, S. 28-39.

Von Hoegen, Jesko: Der „Marschall" und der „Gefreite". Visualisierung und Funktionalisierung des Hindenburg-Mythos im „Dritten Reich", in: kunsttexte.de, Nr. 1, 2009, url: http://edoc.hu-berlin.de/kunsttexte/2009-1/von-hoegen-jesko-1/PDF/von-hoegen.pdf [5.8.2010; 17:50]

von Hoegen, Jesko: Hindenburg. Die Visualisierung des Rettermythos, in: Paul, Gerhard (Hrsg.): Das Jahrhundert der Bilder. Band I: 1900-1949, Bonn 2009, S. 412-419.

Kohlrausch, Martin: Der Mann mit dem Adlerhelm. Wilhelm II. – Medienstar um 1900, in: Paul, Gerhard (Hrsg.): Das Jahrhundert der Bilder. Band 1: 1900-1949, Bonn 2009, S. 68-75.

Mensing, Hans Peter: Am Anfang war Adenauer. Der „Alte" und sein Nachfolger Erhard, in: Stiftung Haus der Geschichte der Bundesrepublik Deutschland (Hrsg.): Bilder und Macht im 20. Jahrhundert, Bonn 2004, S. 104-113

Paul, Gerhard: Die Kanzlerin. Die vielen Gesichter der Angela Merkel, in: Paul, Gerhard (Hrsg.): Das Jahrhundert der Bilder. Band II: 1949 bis heute, Bonn 2009, S. 742-749.